AF495621

DURE CONDITION

DES

Employés des Chemins de Fer

(350,000 travailleurs. — Un million et demi d'habitants.)

DÉPOSITION

DE

EUGÈNE DELATTRE

AVOCAT

Devant la Commission de la Chambre des Députés chargée de régler les rapports entre les Compagnies de Chemins de fer et leurs Agents commissionnés.

PARIS

TYPOGRAPHIE TOLMER ET Cie

3, RUE DE MADAME, 3

1881

CONVOCATION

Lettre de M. FLOQUET, Président de la Commission,

à M. Eugène DELATTRE, avocat à la Cour d'Appel,

15, BOULEVARD SAINT-MICHEL, A PARIS

Paris, 22 juin 1879.

MON CHER ANCIEN COLLÈGUE,

La Commission chargée d'examiner le projet de loi relatif aux rapports entre les Compagnies de Chemins de fer et leurs Agents commissionnés, désire vous entendre et recueillir les renseignements importants que vous êtes en mesure de lui donner. Elle vous prie de vouloir bien vous rendre dans son sein vendredi, à 1 heure, Palais-Bourbon.

Votre très-dévoué,

C. FLOQUET.

COMMISSION

Chargée de régler les rapports entre les Compagnies de Chemins de fer et leurs Agents commissionnés

Séance du samedi 2 août 1879

PRÉSIDENCE DE M. FLOQUET

M. le Président donne la parole à M. Eugène Delattre. Celui-ci déclare que si la Commission veut lui poser des questions, il s'efforcera d'y répondre.

M. le Président lui dit : — Vous connaissez le projet de loi soumis à notre étude ; la Commission fait appel à votre expérience sur les rapports des mécaniciens et chauffeurs avec les Administrations de Chemins de fer. — Vous n'ignorez pas non plus qu'un amendement a étendu ce projet à tous les employés de Chemins de Fer, et nous désirons vous entendre sur l'ensemble du projet.

M. E. Delattre répond : — La Commission voudra bien me permettre de laisser aujourd'hui de côté l'amendement qui exigeait un travail considérable, que je n'ai pu compléter, et de me renfermer dans le projet primitif, relatif aux mécaniciens et chauffeurs.

Les points principaux de cet examen doivent comprendre les mécaniciens et chauffeurs vis-à-vis :

1° Des Chefs de Dépôt et Chefs de Traction ;
2° Des Commissaires de surveillance administrative ;
3° Des Ingénieurs du Contrôle;
4° Des agents du service de la Voie ;
5° Des Chefs de Train ;
6° Des Chefs de Gare;
7° Des médecins des Compagnies ;
8° Des Caisses de retraite et des menaces de révocation ;
9° De la Justice civile, commerciale ou correctionnelle.

I

Des Mécaniciens et Chauffeurs vis-à-vis des Chefs de Dépôt et Chefs de Traction.

Les mécaniciens et chauffeurs se plaignent du travail excessif imposé par leurs chefs. Ce travail est tel qu'il constitue un danger pour eux et pour la sécurité publique. Ainsi, d'après un tableau de roulement de service que voici, un mécanicien, en résidence à Limoges, exécute un service qui absorbe quatre jours, puis est obligé de faire un service du dépôt pendant 24 heures. Il fait ce qu'on appelle la *grande réserve*. Il reste ensuite attaché 12 heures à la *petite réserve*. Ici le tableau porte cette mention : « C'est le seul service qui permette de coucher dans son lit » (une fois tous les 6 jours).

J'appellerai toute l'attention de la Commission sur ce tableau, voici pourquoi : jamais, ni Gouvernement, ni Corps législatif, n'ont pu connaître la vérité sur la durée du travail imposé par les Compagnies à leurs employés, surtout aux mécaniciens et chauffeurs.

Même sous l'empire de Napoléon III, on n'ignorait pas que les Ingénieurs présentaient à cet égard des statistiques remplies d'assertions erronées ; ils dissimulaient tout à la fois l'obligation, pour les mécaniciens, de se trouver au dépôt une heure avant le départ, la nécessité de travailler à leur machine une heure après leur arrivée, le temps nécessaire pour gagner leur domicile ; ils trompaient sciemment le Ministre sur le maximum de la durée de travail. Le scandale de ces dissimulations savamment coordonnées fut tel, que le Ministre des Travaux publics dût infliger aux Compagnies une troisième circulaire dont je vais remettre les termes sous vos yeux :

« Des réclamations, dit ce document, se produisent fréquemment au sujet du travail excessif qui serait imposé aux mécaniciens et chauffeurs sur les chemins de fer; on attribue généralement à ce travail trop prolongé la plupart des accidents que nous avons à regretter.

« Je vous prie de me faire connaître, aussi exactement que possible, quelle est la durée du service quotidien de ces agents, en spécifiant le *nombre d'heures qu'ils passent en route ou dans les dépôts avant de rentrer dans leur domicile* et le temps de repos qui leur est accordé entre deux voyages.

« Vous voudrez bien remarquer, d'ailleurs, que ces renseignements ne doivent pas consister purement et simplement en une moyenne, attendu qu'une semblable indication ne ferait pas suffisamment ressortir le maximum de durée du travail des mécaniciens et chauffeurs. Or, c'est précisément ce maximum qu'il m'importe de connaître, et, à cet effet, j'ai besoin des chiffres précis résultant des ordres de service.

Le Ministre n'ignorait pas qu'on avait imposé à certains mécaniciens jusqu'à 38 heures de service! Il n'était pas la dupe des tableaux des moyennes dressées par de trop habiles ingénieurs; il voulait la vérité, c'est-à-dire exactement le maximum de travail. Eh bien! les Ministres de Napoléon III n'ont jamais pu l'obtenir.

Il faut avoir le courage de l'avouer : la République n'a pas été plus heureuse que l'Empire. Elle a demandé l'exacte vérité sur ces injustices cruelles et dangereuses pour la sécurité; elle a échoué.

M. Casse. — Animé du même désir, j'ai demandé à M. le Ministre des tableaux de roulement de brigade pour vérifier la durée du travail, et je suis encore à les attendre.

Me Delattre. — Soyez persuadé que M. le Ministre les attend comme vous, et c'est précisément pour ce motif que j'apporte à la Commission plusieurs tableaux de roulement de service des mécaniciens.

COMPAGNIE D'ORLÉANS

Après celui de Limoges dont je vous ai parlé (pièce n° 1), je vous signale un service du dépôt de Bordeaux (pièce n° 2). Il s'agit du service des trains rapides. En principe, dès le début de ce service, le roulement portait six mécaniciens et six chauffeurs, mais il fut toujours fait par cinq seulement. Une réclamation collective des mécaniciens épuisés fut adressée à l'ingénieur chef de traction. Celui-ci répondit que puisque cela se faisait depuis 1876, il n'y avait pas de motif pour apporter de modification.

Le roulement du service des marchandises (pièce n° 3) mérite une mention : il ne comporte qu'un train régulier, aller et retour, d'Angoulême à Bordeaux. Le mécanicien arrive au dépôt à minuit 25; il part à 1 h. 25 du matin, arrive à Angoulême à 8 h. 12 m., reste une heure au dépôt, retourne à sa machine à 10 h. 20, repart à 11 h. 20, arrive à Bordeaux à 9 h. 52 du soir, reste 1 heure au dépôt, jusqu'à 10 h. 52, et ne rentre chez lui qu'après *plus de 22 heures de service* interrompu par une heure à peine de repos à Angoulême.

Pourra-t-il, au moins, dormir avec sécurité? Non. Les trains facultatifs (pièce n° 4) sont nombreux à Bordeaux, et les trois mécaniciens chargés du service régulier et facultatif étant insuffisants, si l'un tombe malade ou si un train supplémentaire est ordonné, voici ce qui arrive : on fait partir le mécanicien chargé des manœuvres de gare et l'on va réveiller à 5 h. du matin, l'infortuné qui était rentré vers minuit après les 22 heures de travail dont nous venons de parler. Force sera, dès 6 heures, de s'atteler aux manœuvres de gare jusqu'à 6 h. du soir, — et la même nuit, c'est-à-dire à minuit 25, il sera sur sa machine au dépôt; une heure après, il partira pour Angoulême recommençant son inflexible trajet de 22 heures!

Ce calcul exact donne raison à la statistique du docteur Duchêne, qui soutient que les mécaniciens sont usés en moins de quinze ans.

Il donne raison aux mécaniciens, qui se déclarent, sauf de rares exceptions, incapables d'atteindre leurs vingt années de service.

Il donne raison au contrôle, qui prétend que le mécanicien, après de tels labeurs, doit dormir en route et que l'insécurité augmente en proportion du trafic.

Et il donne raison au Ministre, qui devine que les ingénieurs se concertent tous pour lui cacher la vérité.

Passons à un autre dépôt, celui d'Angoulême (pièce n° 5). Le roulement impose pendant 7 jours un service rude. Le huitième jour, le mécanicien rentre au dépôt; si la réparation de sa machine n'absorbe pas tout son temps, il pourra consacrer quelques heures à sa famille; mais vain espoir : deux fois sur trois, il est requis pour conduire un train facultatif, si bien qu'il roulera pendant tout un mois sans avoir un seul jour de répit, sans avoir de permission de rester chez lui, à vrai dire sans repos. Actuellement, sur 11 mécaniciens et chauffeurs, on compte une moyenne de quatre à cinq malades! — Malgré tout, le service se fait et l'on se garde de proférer une plainte, et l'on s'incline silencieusement devant les amendes qui pleuvent, sous prétexte que quelques parties de la machine ont été nettoyées imparfaitement par un homme exténué de fatigue.

Suivons la ligne. Entrons au dépôt de Brives (pièce n° 6) et dressons le service d'une semaine.

1re journée : 12 heures de travail pour 12 h. de repos pris en 2 fois;
2e — 13 h. 15 de travail pour 10 h. 42 de repos pris en 3 fois;
3e — 15 h. 54 de travail pour 8 h. 6 de repos pris en 2 fois;
4e — 12 h. 20 de travail pour 11 h. 40 de repos pris en 2 fois;
5e — 14 h. 46 de travail pour 9 h. 54 de repos pris en 3 fois;
6e — 24 h. de manœuvres sans repos;
7e — de 10 à 12 h. de travail.

Il faut déduire du temps de repos le retard des trains, le temps employé pour tenir les machines en état, le temps passé au dépôt ou en réserve, le remplacement des malades et le renfort des trains. Tout calcul fait, les mécaniciens et chauffeurs supportent 18 h. de service actif par 24 heures, et cela continuellement.

COMPAGNIE DE L'OUEST

Afin de ne pas être taxé de partialité, vous me permettrez de ne pas m'étendre plus longtemps sur la Compagnie d'Orléans et de passer à la Compagnie de l'Ouest :

Une lettre d'un mécanicien du dépôt de Rennes (pièce n° 7)

éclairera la Commission sur ce que les ingénieurs entendent par le temps de repos. Sept heures d'un sommeil tranquille, à des heures régulières, permettent au travailleur de réparer ses forces ; mais si ce repos est coupé par fractions concédées, tantôt à une heure, tantôt à une autre, interrompu par le bruit intense des mouvements de machines, le repos prétendu n'est qu'un leurre, et l'on comprend aisément que le mécanicien dont je parle commence par ces mots : « *Nous faisons ici un travail de galérien.* » Il analyse ainsi son service :

Le train régulier de marchandises exige 12 h. de travail sans laisser le temps d'ouvrir le panier de vivres sur la machine. Puis on se couche à 9 h. 5 pour se relever à 3 h. 30, monter sur sa machine à 4 h. et repartir à 5 h. du matin.

Sur le parcours de Saint-Brieuc, le travail dure de 2 h. du matin jusqu'au lendemain 9 h. 25. Il est clair qu'en arrivant, le premier besoin du mécanicien est de se laver, de se savonner, de se débarrasser de la couche de suie accumulée par 25 h. de travail. Il se couche, c'est vrai, mais pour dormir il faudrait que le sommeil vînt le prendre juste à l'arrivée et ne le quittât qu'au moment du départ. La nature n'a pas encore assoupli leur corps à ces ordres de service de MM. les ingénieurs.

Une personne fort compétente nous fournit l'analyse suivante des roulements de service, que nous copions sans y rien changer :

1er JOUR. — Départ pour Redon à 7 h. 20 du matin ; arrivée à 9 h. 25 du soir, s'il n'y a pas de retard, chose assez rare. Pendant ce temps, les agents ont environ 30 minutes pour déjeuner, temps à peine suffisant comme bien on pense. Il leur est impossible de se coucher avant 11 h.

2e JOUR. — Départ pour Laval à 8 h. 20. Nous arrivons à cette gare à 12 h. 25. On repart à 3 h. pour Rennes où l'on arrive à 7 h. 46, ce qui ne leur permet pas de se coucher avant 9 heures.

3e JOUR. — Réveillés à 3 h. du matin pour partir à 5 h. et aller jusqu'à Guingamp, d'où ils repartent ensuite pour Saint-Brieuc, où ils arrivent à 2 h. 50 du soir, sans avoir eu le temps de prendre la moindre nourriture.

4e JOUR. — Départ de Saint-Brieuc à 9 h. du matin ; arrivée à Rennes à 2 h. 50 du soir. Rentrés chez eux, la journée n'est pas terminée. Le même jour, à 11 h. du soir, ils repartent pour Le Mans, où ils n'arrivent que le lendemain matin à 6 h. 46.

5e JOUR. — Départ du Mans à 5 h. 15 du soir et rentrée à Rennes à 1 h. 15 du matin. Le temps de se nettoyer et de prendre quelques aliments, et ils ne peuvent pas se coucher avant 2 h. 30 du matin.

6e JOUR. — Passé tout entier au dépôt.

— Voici maintenant un autre service :

1er JOUR. — Départ de Rennes pour Saint-Malo : 6 h. du matin à 6 h. du soir, avec 20 minutes pour déjeuner.

2e JOUR. — Départ de Rennes pour Morlaix, 6 h. 40 du matin à 6 h. 40 du soir avec 1 h. pour déjeuner.

3e JOUR. — Départ de Morlay pour Rennes de 11 h. du matin à 10 h. 28 du soir.

4e JOUR. — Départ de Rennes pour Le Mans, de 9 h. du matin à 10 h. 20 du soir, sans un seul instant pour déjeuner.

5e JOUR. — Départ du Mans pour Rennes de 1 h. 10 à 11 h. 15 sans repos.

6e JOUR. — Tout entier au dépôt.

Puisqu'il existe une Société protectrice des animaux, il serait temps de songer à fonder une Société protectrice de ces malheureux employés, plus maltraités que des bêtes de somme, auxquelles on n'impose jamais 16 heures de travail continu sans leur laisser le temps de manger et même de se reposer.

COMPAGNIE DE L'EST

De la ligne de l'Ouest, passons à la ligne de l'Est.

Le roulement y est également coordonné, comme à plaisir, contre la santé des mécaniciens et contre la sécurité publique. Les mécaniciens s'y plaignent d'un travail de 12 et 14 heures sans interruption. On cite un mécanicien qui, après 20 heures de service, a franchi une gare, où il devait s'arrêter, sans s'en apercevoir, et a subi pour ce fait quatre jours de mise à pied.

Un tableau ci-joint du service de la banlieue (pièce n° 8) montre que le travail, les heures de repos, le temps nécessaire pour manger sont découpés, mêlés, transposés, déchiquetés, pendant 27 jours consécutifs. L'estomac doit avoir faim à l'heure indiquée par MM. les ingénieurs, et changer chaque jour ses habitudes selon les prescriptions des chefs de dépôt et de traction. Le sommeil doit arriver juste à l'heure réglementaire. « Ces messieurs se figurent, disait un mécanicien, que nous pouvons nous faire un magasin de repos. »

COMPAGNIE DU MIDI

Veuillez graver dans votre souvenir, messieurs, le tableau de service suivant, et vous comprendrez avec quelles raisons certains jugements flétrissent l'obligation imposée d'accomplir des tâches qui dépassent les forces humaines (pièce n° 8 *bis*).

SERVICE DES MACHINES MIXTES DE BORDEAUX.

La journée commence à Pau à 4 h. du matin et finit à Morceux à 8 h. du soir, avec 4 h. d'arrêt à Bayonne. Le mécanicien arrive à Morceux à 8 h. du soir, soupe et se couche à 10 h. 30. A 1 h. 30 du matin, après 3 h. de sommeil, il est obligé de se lever pour aller de Morceux à Tarbes, départ à 2 h. 30 du matin et arrivée dans cette dernière gare à 7 h. Après le chargement, garage et nettoyage de la machine, les mécaniciens peuvent se coucher (il est près de 11 h.); mais ils se relèvent 3 h. après et repartent à 4 h. du soir pour Bordeaux. Ils y arrivent à 11 h. et ne sont pas chez eux avant minuit.

Ces agents ont donc fait :

12 h. de service de Pau à Morceux;
7 h. de service de Morceux à Tarbes;
8 h. de service de Tarbes à Bordeaux.

27 h. de service et 5 h. de repos.

Sur 22 jours de service, on couche 3 nuits chez soi.

Il faut ajouter que, la plupart du temps, les mécaniciens sont obligés de se lever plus tôt pour veiller à l'allumage de leur machine.

Les dépôts de Bazas, Arcachon, Mazonnet, Saint-Girons, Lourdes, Pierrefitte, Bagnères-de-Luchon, Bigorre n'ont pas de chauffeur de nuit, et, en conséquence, les mécaniciens et chauffeurs arrivant très-tard et repartant très-tôt dans tous ces dépôts sont obligés de procéder eux-mêmes à l'extinction et à l'allumage de leur machine.

COMPAGNIE P.-L.-M.

Au dépôt de Tonnerre, les mécaniciens se plaignent d'un travail excessif. Leur service est organisé de telle sorte qu'ils ne peuvent passer chez eux plus de quatre à cinq nuits par mois; le reste du temps ils sont condamnés à coucher dans des corps de garde d'une insalubrité notoire, souvent infects. A vrai dire, ils n'ont de repos que quand ils sont malades.

Citons comme exemple de travail exagéré, le service du mécanicien partant de Tonnerre par le train 56 : il rentre à son dépôt par le train 61, après 58 h. de service sur 8 h. 30 de repos (pièce n° 9). La fatigue est telle que, parfois, le mécanicien et le chauffeur dorment alternativement sur la machine. Quand le chauffeur ne sait pas conduire, devinez les dangers que peut courir le train?.....

Il faut que les voyageurs des trains rapides sachent qu'ils sont exposés à avoir, pour les conduire, des hommes qui viennent de faire 28 heures de travail sans repos réel (pièce n° 10).

Le dépôt de Montargis n'est pas mieux traité. Peut-être n'y a-t-il pas un seul mécanicien qui ne fléchisse sous l'étreinte du sommeil?

Prenons un exemple : le mécanicien doit être au dépôt à 7 h. du matin; il y restera jusqu'à 10 h., puis il ira déjeuner et partira à 1 h. 15 pour Paris; il reviendra par le train 723 à 2 h. 10 du matin; en sorte qu'il sera resté debout depuis 6 h. du matin jusqu'au lendemain 3 h. 30 ou 4 heures!

Dans le service des marchandises, citons le train 1452 (pièce n° 11). Pendant ce voyage, le mécanicien et le chauffeur n'ont pas une minute pour manger. Ils sont réduits à prendre une bouchée de pain de temps à autre sans pouvoir se laver les mains même pendant le stationnement dans les gares, car la durée de ce stationnement s'effectue en manœuvre. La pièce n° 12 est le bulletin de traction de ce train 1452 du 19 juin 1879. Cette pièce officielle révèle toute l'étendue du mal. — Le départ est à 5 h. 55; le mécanicien a donc commencé son travail 1 h. auparavant, c'est-à-dire à 4 h. 55; il est arrivé à Bercy à 7 h. 26 et n'a pu quitter sa machine que 1 h. 30 après, soit 9 h. 36, temps nécessaire pour la manœuvre, la prise d'eau, le chargement du combustible, et le garage de la machine. Total de la durée du travail : 14 h. sans repos! Notez que ce mécanicien a su regagner, nous dit le tableau, 56 minutes dans la marche. Sans cette habileté, son travail se trouvait de 15 h. ! et il est exposé à repartir tout de suite si la gare de Bercy fait un train facultatif.

Ce système de durée excessive du travail est appliqué aux agents à la journée comme aux agents commissionnés. Mais il conduit à un résultat curieux à étudier : les nettoyeurs sont engagés à la journée, leur salaire, pour 10 h. de nettoyage, est de 3 fr., soit 30 c. l'heure; mais très-souvent, la journée terminée, on les fait partir comme chauffeur à 9 h. du soir pour rentrer à 10 h., le lendemain, quelquefois plus tard. La journée de travail n'est plus 10 heures, mais 36 et quelquefois 38 h. Le tableau (pièce n° 13) contient le relevé du travail, comme manœuvre et comme chauffeur, pendant le mois de juin 1879.

Si cet ouvrier n'avait été employé qu'au nettoyage, il aurait travaillé 30 jours à 10 h. par jour, soit 300 h. de travail à 30 c. l'heure, nous trouvons le total de 90 fr. Mais ce tableau nous révèle qu'en lui imposant le travail de chauffeur (sans être commissionné) il a travaillé non pas 300 h., mais bien 399 h. 38 m., en chiffre rond 400 h., soit 100 h. de plus. Or, ce travail supplémentaire ne lui est pas payé un centime : il est présumé n'avoir travaillé que 10 h. En réalité, il n'a touché que 20 c. par heure. La Compagnie n'en affirme pas moins qu'elle paie ses nettoyeurs 30 c. La pièce que j'analyse se termine par une prière : — Les nettoyeurs demandent respectueusement aux jurisconsultes dont se compose la Commission s'ils n'auraient pas le droit de réclamer à la Compagnie le remboursement de ces heures de travail supplémentaire. Plusieurs ont dressé le relevé exact de ces fraudes depuis 1870.

Que la Commission me permette de terminer ces observations sur la Compagnie P.-L.-M. en lui citant un fait très-propre à prouver à la fois combien le travail est excessif, et combien ses dangers sont redoutables. Le 4 juin 1878, le mécanicien Missel, du dépôt de Mâcon (P.-L.-M.), remorquant un train de marchandises de 60 wagons, allant à Chagny, arrive près du disque qui protége cette gare. La voie est fermée pour laisser aux voyageurs le temps de traverser les voies principales. — En ce moment, le malheureux, arrivé à sa 21e heure de service réglementaire, lutte vainement contre un sommeil irrésistible. Il peut cependant arriver à Chagny; mais là, exténué de fatigue, il ne fait rien pour arrêter son train et franchit la gare au moment où plus de 50 voyageurs s'éparpillent sur les voies! Réveillé à leurs cris, il ne peut cependant arrêter son train qu'à l'entrée du tunnel, à 150 mètres au-delà.

Le Commissaire de surveillance administrative, le chef de gare, le chef de dépôt ont constaté que le mécanicien avait manqué de vigilance, qu'il dormait, que le chauffeur n'avait pas serré son frein, que, probablement, il dormait aussi. Malgré tous ces rapports, pas de révocation! pas de descente de classe! pas d'amende! pas de police correctionnelle! Il est vrai que Misset a énergiquement refusé de livrer ses bulletins de traction qui établissent la durée énorme de son service. La Compagnie redoutait autant la justice que le scandale, elle n'a pas bougé.

COMPAGNIE DU NORD

Le service de cette Compagnie ne le cède en rien aux autres, en fait de dureté. Voici trois roulements qui peuvent servir de spécimen (pièce n° 14).

1° Service de Valmondois

1re JOURNÉE. — Arriver à la machine à 4 h. 5 du matin, partir de Paris à 5 h. 30 en double traction jusqu'à Saint-Denis, et continuer machine isolée, jusqu'à Ermont; départ d'Ermont à 6 h. 28; arriver à Ermont 7 h. 15, faire 9 trains comme celui-là dans la même journée, 4 sur Ermont, 5 sur Valmondois; le 5e sur Valmondois se continue jusqu'à Beaumont où l'on arrive à 11 h. 15 du soir; coucher vers minuit dans un dortoir d'une propreté suspecte ou plus que suspecte. De 4 h. matin à minuit; total, 18 heures!

2e JOURNÉE. — Prendre le service de la réserve à la gare de Beaumont, c'est-à-dire se lever à 5 h. du matin, faire les manœuvres de gare, rentrer à 6 heures pour recommencer à 8 h.; rentrer à 9 h. 30, recommencer à 7 h. 30 du soir, jusqu'à 8 h., et, en même temps assurer le service depuis 5 h. du matin jusqu'au lendemain matin 5 h., au total 24 heures!

3e JOURNÉE. — Se trouver à la machine à 5 h. matin; départ de Beaumont 6 h. 5, arriver à Valmondois 6 h. 18, départ de Valmondois à 6 h. 20; arrivée à Ermont à 6. h. 54; faire onze trains comme celui-là dans la journée, 6 sur Ermont et 5 sur Valmondois; au retour du 6e sur Ermont, partir de cette gare à 10 h. 55 du soir pour Paris; arriver au dépôt à 11 h. 32; sortir du dépôt à minuit 45. Au total, de 5 h. du matin à minuit 45, 19 h. 45.

4e JOURNÉE. — Présence au dépôt à midi 15, départ de Paris 1 h. 35, arrivée à Gonesse à 2 h. 5; départ de Gonesse à 4 h. 55; arrivée à Paris 5 h. 25; départ de Paris à 6 h. 30; arrivée à Enghien 6 h. 58; départ d'Enghien à 7 h. 28, et arrivée à Paris à 7 h. 55; départ de Paris à 9 h. 25 et arrivée à Pontoise à 10 h. 19; départ de Pontoise à 11 h. 10 et arrivée à Paris à 11 h. 45; sortie du dépôt à 1 h. du matin. Au total, 13 heures.

5e JOURNÉE. — Service à la volonté du chef de dépôt pour remplacer les mécaniciens malades de fatigue, ce qui arrive journellement; on les fait partir quelquefois à 8 h. 45 du matin.

2° SERVICE CIRCULAIRE PAR ARGENTEUIL (P. N° 15).

1re JOURNÉE. — Arrivée au dépôt à 6 h. du matin pour prendre à 7 h. la réserve à Paris, faire les manœuvres de l'arrivée jusqu'à 11 h. 30, faire les manœuvres de 1 h. jusqu'à 7 h. du soir sans arrêt; assurer le service à la gare de Paris jusqu'à 10 h. du soir. Total, 14 ou 15 heures.

2e JOURNÉE. — Arrivée au dépôt à 6 h. du matin, départ de Paris-Nord à 6 h. 55, et arrivée à la gare Saint-Lazare à 8 h. 10; départ de Saint-Lazare 9 h. 5 et arrivée à Paris-Nord 10 h. 20; départ à 10 h. 55 et arrivée à Saint-Lazare à midi 10; départ à 1 h. 5 et arrivée à Paris-Nord 2 h. 22; départ 2 h. 55 et arrivée à Saint-Lazare 4 h. 10; départ 5 h. 15 et arrivée à Paris-Nord 6 h. 22; départ de Paris-Nord 6 h. 55 et arrivée à Saint-Lazare à 8 h. 10; départ 9 h. 5 et arrivée à Paris-Nord à 10 h. 22. Total de 6 h. du matin à minuit, 18 heures!

3e JOURNÉE. — Arrivée au dépôt 6 h. 30 matin, départ 7 h. 55, même service que la journée précédente, mais sortie du dépôt, 1 h. du matin. Total à 18 h. 30.

4e JOURNÉE. — Arrivée au dépôt 8 h. 30 matin, départ 9 h. 55, même service que la journée précédente, mais arrivée à Saint-Lazare à 11 h. du soir; rentrée au dépôt des Batignolles 11 h. 30 et coucher à minuit audit dépôt dans un dortoir infect.

5e JOURNÉE. — Présence à la machine à 6 h. 30 du matin; départ de Saint-Lazare 8 h. 5 et arrivée à Paris-Nord 9 h. 22. — Repos facultatif au gré du chef de dépôt qui vous fait partir, souvent, le soir à 5 h. 25 pour arriver à Enghien à 5 h. 58; quitter Enghien à 6 h. 28, pour arriver à Paris à 6 h. 58; quitter Paris à 9 h. 50 pour gagner Crépy-en-Valois à 11 h. 30; coucher à Crépy à minuit 30 dans un dortoir malsain. — Total, 18 heures.

6e JOURNÉE. — Présence à la machine à 6 h. du matin; départ de Crépy à 7 h. 15; arrivée à Chantilly à 8 h. 15; départ de Chantilly à 8 h. 36, arrivée à Crépy à 9 h. 36; départ de Crépy à 11 h. 15, arrivée à Chantilly à midi 15; départ de Chantilly à midi 52, arrivée à Crépy à 1 h. 52 soir; départ de Crépy à 3 h. 45, arrivée à Chantilly à 4 h. 45; départ de Chantilly à 5 h. 10, arrivée à Crépy à 6 h. 10; départ à 7 h. 37, arrivée à Chantilly à 8 h. 40; départ de Chantilly à 9 h. 23, arrivée à Crépy 10 h. 23; coucher dans le même dortoir que la nuit précédente à 11 h. 30 du soir. Total de la durée de la 6e journée, 17 h. 30. »

La Commission me pardonnera de m'étendre sur l'analyse des heures de travail, en se rappelant que M. le Ministre de 1865 a réclamé avec insistance des documents exacts, et qu'il n'a jamais pu les obtenir. Et sous la République, il est à craindre que la Commission soit la seule autorité à laquelle on ait fourni des états sincères. Il est vrai qu'elle est peut-être la seule qui ait voulu énergiquement connaître la vérité tout entière.

Si, dans l'examen de la durée du travail, je n'ai parlé que des mécaniciens et des chauffeurs, c'est uniquement parce que j'étais à même de vous fournir des preuves à l'appui de chaque allégation. Mais il faudrait se garder d'en conclure qu'ils sont les seuls à subir un sort aussi rigoureux. Les autres employés luttent, et parfois succombent également sous la dureté d'un service inqualifiable. De temps à autre, des documents judiciaires projettent de vives lumières sur ces désolantes vérités. — L'aiguilleur de Montereau, coupable de l'accident du 17 décembre 1876, n'est condamné qu'à une amende de 25 francs, « attendu, dit le jugement de Fontainebleau, qu'il y a des circonstances atténuantes, résultant de l'insuffisance du service de la Compagnie. » Ce malheureux était condamné à faire le service de *trente aiguilles!*

Au mois de mars 1864, M. Martel avait signalé à l'attention du Corps Législatif un grave accident imputable à la fatigue d'un aiguilleur qui en était à sa 18e heure de service au moment de la catastrophe.

Le temps a marché, mais les mœurs des Compagnies ne se sont pas adoucies. Le 25 décembre 1875, le mécanicien Wandenbaute va se précipiter au bas d'un énorme remblai près de Carcassonne, par la faute de l'aiguilleur endormi; il est brûlé par la vapeur de sa machine. Le coupable est traduit en police correctionnelle : il est condamné à une peine très-légère, et les juges, qui viennent de prononcer cette sentence, s'empressent de demander la grâce du coupable. Peu après, la veuve poursuit l'aiguilleur et la Compagnie en responsabilité, jugement qui condamne, sans broncher, la Compagnie, et qui, à l'égard de l'aiguilleur, déclare qu'il existe des circonstances très-atténuantes, « attendu que la Compagnie *avait imposé à cet homme un service qui dépassait les forces humaines, en l'obligeant à un travail de 14 nuits consécutives, par une température rigoureuse.* » (Jugement de Carcassonne et arrêt de Montpellier, 1876. — Plaidant Me Lisbonne pour la Compagnie du Midi.)

Même violation des forces de la nature dans le service inouï de certains chefs de gare. Mais ces révélations nous entraîneraient trop loin. Revenons aux mécaniciens.

AUTRES REPROCHES ADRESSÉS AUX CHEFS DE DÉPOT

Le travail de si longue durée est rendu plus pénible encore par la négligence, un peu dédaigneuse, de certains chefs de dépôt et les économies coupables des chefs de traction. Souvent, en effet, les mécaniciens réclament des réparations urgentes pour leur machine; ils les inscrivent sur des registres spéciaux, remplacés malheureusement parfois par des feuilles volantes. Telle réparation paraît coûteuse : on la refuse; telle autre nécessitera un trop long travail : on l'ajourne. L'accident prévu arrive, et alors le chef du dépôt et le chef de traction s'ingénient à faire retomber la faute sur le mécanicien. Ils ne reculent pas devant des moyens dégradants. — Ainsi, à Béziers, le mécanicien Blum demande vainement la réparation du levier de changement de marche : peu après, il est presque mortellement blessé. Pendant la nuit, on travaille en secret à faire la réparation et l'on vient hardiment ensuite affirmer au tribunal que jamais une réparation n'a été demandée par le mécanicien, que jamais elle n'a été exécutée, et que la machine continue à fonctionner admirablement. — Un procès-verbal et une sérieuse expertise prennent le dépôt en flagrant délit d'inexactitude absolue. Un jugement de Béziers et un arrêt de Montpellier le constatent et condamnent la Compagnie.

L'âpreté des Compagnies s'est surtout fait sentir sur les charges des trains. Elles ont été augmentées dans des porportions démesurées. Les charges extrêmes offrent des dangers sérieux, principalement sur les pentes. De là, nécessité d'augmenter les freins; mais les garde-freins sont une dépense permanente : il faut la diminuer. Dans ce but, on emploie la contre-vapeur comme frein principal; celle-ci devrait suffire avec le secours de quelques freins disséminés le long de l'immense train. — Or, les garde-freins ne sont pas en communication avec le mécanicien, et il leur est impossible d'entendre le sifflet d'avertissement à la distance de 30, 40 et 50 wagons. Un accident surgit; le mécanicien fait des efforts héroïques, les garde-freins dorment ou n'entendent pas : l'accident arrive. Si le mécanicien n'est pas blessé, on le conduit en prison : c'est lui le coupable; s'il est tué, on repousse la demande par la veuve, en affirmant bien haut que le mécanicien est victime de sa propre imprudence. (Affaire Rameau, jugement du tribunal de Gannat en date du 1er mars 1879.)

En dehors des accidents graves, l'emploi de la contre-vapeur occasionne des avaries qui sont payées par de fortes amendes. Un relevé fait pendant la période du 27 mars au 20 juin 1879, établit que les amendes infligées pour questions de contre-vapeur se sont élevées à 718 francs. Nous ne possédons pas le chiffre exact des descentes de classe et des révocations dues à cette même cause, et nous n'avons cité que le seul dépôt d'Ambérieux (pièce n° 17) Compagnie P.-O. Le poteau kilométrique 387 est franchi involontairement avec une vitesse non réglementaire, malgré la puissance de la contre-vapeur. — Ce poteau est devenu célèbre : il a produit à la Compagnie 440 fr. d'amendes, en trois jours, payées par trois dépôts seulement (pièce n° 18).

Peu de questions, Messieurs, sont plus dignes d'attirer l'attention des hommes d'Etat. Protéger le mécanicien, assurer sa sécurité, c'est protéger la vie des voyageurs, c'est veiller étroitement à la sécurité publique.

II

Des Mécaniciens et Chauffeurs vis-à-vis des Commissaires de surveillance administrative.

Malgré leur bonne volonté, la plupart des commissaires de surveillance administrative sont impuissants à remplir leurs importantes fonctions. Ils sont incompétents. Leurs rapports sont d'une nullité désespérante; quelques-uns frisent le ridicule. En tout cas, rien de précis, ni l'heure exacte de l'accident, ni l'indication du point certain où il s'est produit; pas d'audition de témoin sur l'heure, insuffisance absolue pour deviner et trouver la cause réelle, incapacité manifeste à mesurer la vitesse de la marche, à calculer le poids des charges; ils sont réduits à faire des rapports vagues, et à accepter comme vérité tout ce qu'il plaira aux ingénieurs de leur raconter pour dégager leur responsabilité personnelle, ou pour favoriser les employés qu'ils protégent. Ils ignorent les règlements : ils ne les ont même pas en leur possession et seraient peu aptes à les expliquer devant des magistrats.

Et cependant, les magistrats qui sont appelés à juger ces questions si délicates, qui nécessitent le concours de la science et de l'honnêteté, comment feront-ils pour s'éclairer? Ils ignorent les règlements comme les Commissaires de surveillance. Pas plus que les premiers, ils n'en possèdent pas la collection. Les Ingénieurs des Chemins de fer auront donc beau jeu auprès des tribunaux et l'un d'eux pourra dire un jour : « Bah! nous leur ferons juger « tout ce que nous voudrons; notre opinion pèsera toujours d'un « poids décisif dans la balance de la justice. »

III

Des Chauffeurs et Mécaniciens vis-à-vis des Ingénieurs du Contrôle.

Ces Messieurs sont bien loin des mécaniciens, plus loin encore des lieux des accidents, ce qui ne les empêche pas d'être d'une sévérité extrême pour les employés, et d'une bienveillance inaltérable pour les Ingénieurs des Compagnies.

Il ne m'appartient pas d'insister sur un sujet qui a été traité avec une rare vigueur au Corps législatif. La Commission en trouvera un résumé précis dans la brochure de M. le baron de Janzé sur la proposition Cazot 1875 (pages 50, 51, 52 et suivantes).

IV

Des Mécaniciens et Chauffeurs vis-à-vis des Agents de la voie.

La division des services des Compagnies en traction et en voie est une source de soucis et de dommages pour les mécaniciens et chauffeurs. Le même danger se présente dans la séparation du contrôle de la traction et du contrôle de la voie. Nous avons lu à la 4e Chambre du Tribunal de la Seine (affaire Tenaille) le rapport d'un Ingénieur du contrôle qui déclarait que la cause d'un accident pouvait bien être imputée à un sieur X..., mais que, comme cet agent faisait partie de la voie, il échappait à son contrôle et n'avait point à s'en occuper !

La vie du mécanicien est pour ainsi dire tout entière entre les mains des agents de la voie. Le contrat qui le lie à la Compagnie oblige à exécuter les ordres donnés sans hésitation ; on lui dit de partir par le vent, par la neige, par la tempête : il siffle et part. Vers quel inconnu court-il ? N'est-ce pas témérité d'obéir aveuglément à certaines heures ? Non. Il est certain, il doit être certain que la sécurité de la voie lui est assurée par la vigilance de l'administration ; elle s'y est engagée d'une façon rigoureuse, son engagement est la contre-partie du contrat synallagmatique passé par le mécanicien. Telle est la vérité en principe, mais sondons la réalité.

L'an passé, le mécanicien Boileau, de Tours, est réveillé de son sommeil pour remplacer un de ses collègues ; une pluie diluvienne tombe depuis 10 heures ; il y a peut-être danger ? Pas d'observation, l'ordre est de partir ! Il part, il rencontre une tranchée pleine d'eau. A la gare suivante, il hésite... Ordre de départ : En avant ! Arrivé à Dissay-sous-Courcillon, le pont s'écroule et engloutit une partie du train. Le lendemain, le torrent s'est écoulé ; on retrouve Boileau et son chauffeur debout, droits sur leur machine, l'un tenant son frein, et Boileau la main crispée sur son régulateur comme au moment du départ. Les veuves réclament des dommages à la Compagnie. « Je ne dois rien, répond celle-ci : c'est un cas de force majeure. » Heureusement pour les veuves, les juges ont trouvé que la voie était mal surveillée.

Que la Commission fasse une enquête et elle constatera que l'âpreté des grandes Compagnies a diminué partout le nombre des agents surveillant la voie, et elle reconnaîtra que c'est là une des violations de la loi de 1845, des plus funestes pour la sécurité publique.

Le fait de Boileau est loin d'être unique ; il n'est pas très-rare de voir les mécaniciens placés dans cette alternative, ou d'obéir et d'aller se faire tuer, ou de refuser le service et d'être révoqués.

Le 23 novembre 1857, le train de voyageurs conduit par Grisel arrive à Vicq-le-Comte ; le chef de gare sonne le départ ; Grisel demande si l'on a vérifié le pont qu'il va traverser sur l'Allier ; on lui a dit que le courant était intercepté ? — « Pas d'observation : partez ! » Vive altercation. « C'est votre révocation « que vous provoquez ! — Non, mais je veux qu'on s'assure « de la solidité du pont. — C'est un véritable refus de ser- « vice », dit le chef de gare ; et il expédie la dépêche télégraphique suivante que vous trouverez dans mon dossier :

Chef de station à Vicq-le-Comte pour agent principal de la voie à Clermont.

Plusieurs pièces de bois ont été emportées, le mécanicien refuse de passer avec la machine. J'attends de nouveaux ordres.

Le mécanicien Grisel insiste encore, si bien que le chef de gare et lui s'en vont à pied pour s'assurer de l'état des lieux. A peine arrivaient-ils à la tête du pont, qu'ils le voyaient s'engloutir... Jugez de l'émotion générale.

Le mécanicien Grisel ne fut pas décoré, mais la Compagnie, il faut lui rendre justice, ne le condamna pas à l'amende.

Ne riez pas, Messieurs : si le pont ne s'était pas écroulé sur l'heure, Grisel était révoqué (pièce n° 19).

V

Des Mécaniciens et Chauffeurs vis-à-vis des Chefs de train et des Serre-freins.

L'absence de communications constantes entre les mécaniciens et tous les agents du train constitue un vice permanent. Le mécanicien ne peut leur faire connaître un danger qu'au moyen du sifflet et la puissance de cet instrument est complétement insuffisante, surtout dans les longs trains de marchandises. Que d'accidents seraient évités si les freins agissaient vigoureusement et au premier signal ! Mais les agents placés au milieu, ou vers la queue du train, ne peuvent rien entendre. Dans l'accident de Saint-Remy, le sifflet d'alarme du mécanicien a été entendu à la gare cinq minutes avant le choc ; les deux serre-freins du milieu et de queue ont déclaré, dans l'enquête, n'avoir pu rien entendre et n'avaient rien entendu.

L'impossibilité, pour les agents, de communiquer avec le mécanicien n'est pas moins funeste. Que de fois, à la suite d'une rupture d'attelage, une partie du train n'est-elle pas restée sur la voie sans que le mécanicien et le chauffeur s'en soient aperçus !

3

VI

Des Mécaniciens et Chauffeurs vis-à-vis des Chefs de gare.

Le chef de gare est maître absolu dans sa station : il donne l'ordre du départ et doit être obéi à l'instant. Si la circulation a lieu sur voie unique, c'est le chef de gare qui s'assurera que la voie est libre. Tout ceci est fort bien et la marche des trains est admirablement bien organisée pour qu'un accident soit impossible. Les ordres de service dénotent une intelligence supérieure; mais, ces ordres et ces règlements reposent sur cet axiome : Les chefs de traction et les chefs de gare sont infaillibles ; ils n'auront jamais ni maladie, ni distraction, par conséquent il est inutile d'accorder aux mécaniciens le droit de s'assurer par eux-mêmes de la sécurité de la voie. Telle est la règle, examinons maintenant la réalité.

Je prends comme exemple l'accident de Magalas (Cour de Montpellier, novembre 1875) :

MORT DU MÉCANICIEN LAVERGNE

Le chef de gare oublie un train facultatif, il donne l'ordre du départ, et, à peine le train a-t-il disparu dans une courbe, que le chef de gare pousse un cri déchirant : « Malheur! dit-il, le train « de voyageurs va heurter un train de marchandises dont le « départ a été annoncé et que j'ai oublié! » — Les agents de la gare accourent et tous, tremblants, le regard fixé vers l'horizon où ils aperçoivent encore la blanche vapeur de la locomotive, attendent, dans une anxiété inexprimable, le bruit de la catastrophe qui arrive. Ce fut, dirent les témoins, un grand bruit prolongé, terrible comme le fracas d'un pont métallique qui s'écroule.

Le train de marchandises oublié était conduit par le jeune Lavergne. — Il ne put apercevoir l'autre train qu'au milieu de la courbe étroite, à la descente d'une pente rapide. Il s'écoula *sept secondes* seulement entre le moment où les trains furent en vue et l'instant du choc.

Voici comment Lavergne employa ces sept secondes : il renversa sa marche en imprimant sept tours à son volant, total *cinq secondes;* puis il cria à son chauffeur : « Sauve-toi! saute! » et, comme celui-ci hésitait, Lavergne le saisit et le jeta dans l'espace. Au même instant les deux locomotives se touchaient, et quatorze wagons chargés se brisaient les uns sur les autres.

Le chauffeur était sauvé et en était quitte pour quelques contusions. L'héroïque Lavergne était broyé sur sa robinetterie : « Il « nous fut impossible, dit le médecin, de compter le nombre des « blessures et des os brisés. »

Le capitaine d'un vaisseau qui va sombrer et qui, dans un calme admirable, préside au sauvetage, tenant à honneur de quitter le navire le dernier, celui-là est un héros, il est admiré et applaudi, l'histoire s'empresse de recueillir le récit de la lutte suprême et d'en graver sur l'airain le souvenir vivant. Et nous avons raison en agissant ainsi. Il semble que leur gloire fait partie de notre bien national. Et cependant, Messieurs, ce capitaine a eu le temps en sa possession; il s'est écoulé de longues heures pendant lesquelles il a pu voir et agir, tandis que Lavergne n'a même pas eu à lui une minute : *sept secondes !* y songez-vous? Un coup d'œil, un éclair, un rapide mouvement d'une main sûre, main du brave.... La marche renversée, ce sera le salut du train de voyageurs!... et il lui reste encore *deux secondes* pour sauver intrépidement son chauffeur épouvanté. Dites, Messieurs, si cet homme de bronze ne vaut pas le capitaine de vaisseau?

Eh bien! Messieurs, quand une nation possède de tels hommes, n'est-ce pas justice que de leur accorder la faculté, non pas de désobéir aux chefs de gare, mais de contrôler par eux-mêmes les dépêches qui indiquent la voie libre.

Si l'on demande de quel droit les mécaniciens insistent, je réponds : Les mécaniciens et chauffeurs sont toujours les premières victimes des rencontres de trains et souvent les seules et héroïques victimes; leur droit c'est celui du premier responsable et du premier tué (1).

VII

Des Mécaniciens et Chauffeurs vis-à-vis des Médecins.

Les Compagnies font soigner gratuitement leurs employés. Est-ce un acte de grande générosité? Jugez-en :

Les employés supportent leurs frais de maladie. Une partie notable de leur solde (quelquefois la moitié) est affectée à ce service.

Les malades sont remplacés, par qui? par les agents valides qui doublent leur service.

En général, le caractère élevé du médecin prend sa source dans son indépendance et son dévouement à ses malades; ici le médecin n'est pas libre, il n'est qu'un *agent médical*, suivant l'expression d'une circulaire; il soigne les malades pour eux, sans doute,

(1) Quelques jours après le moment où la Commission entendait cette déposition de M. Delattre, arrivait, sur la ligne de l'Ouest, le terrible accident de Flers, identique, dans ses causes, à l'accident de Magalas, mais plus terrible dans ses effets : une vingtaine de voyageurs perdirent la vie; les 2 mécaniciens et les 2 chauffeurs furent les premiers tués.

mais surtout pour la Compagnie. Si les médicaments utiles sont d'un prix trop élevé, passera-t-il outre? N'est-il pas à redouter que certains chefs de dépôt, dans les moments pressés, ne se fassent aucun scrupule d'inviter le médecin à ne pas reconnaître tel ou tel agent comme malade? Est-il vrai que plusieurs médecins ont protesté contre cette ingérence, et que, sous le gouvernement de l'ordre moral, plusieurs révocations aient pris le masque de la politique, pour cacher des rancunes contre une indépendance médicale trop courageuse?

Un agent malade déclare ne pouvoir partir : si le médecin ne le reconnaît pas malade, il est frappé d'une amende de 20 fr. et d'une retenue de 2 fr. par heure. Le mécanicien Bellevaux du dépôt de Paris à la Compagnie P.-L.-M est désigné pour conduire le train de Montargis. Il se rend au dépôt : « Je me sens très-malade; impossible de partir; où est le médecin? » Le docteur est parti après sa visite, il ne reviendra que le lendemain. « Allons! prenez votre machine ou à l'amende! » L'infortuné monte sur la locomotive. Pendant le trajet, il peut à peine se soutenir, c'est le chauffeur qui conduit. Arrivé à Montargis, force est de reconnaître la gravité de son état. On l'envoie en seconde classe à Paris. Là, le médecin lui accorde un permis pour se rendre dans sa famille, à Auxonne. Il part, accompagné de sa vieille mère, dont il est l'unique soutien; mais il meurt en route à Montereau.

Le mécanicien Louis Hug se trouve bien malade; il ne peut partir : 20 francs d'amende! Quelques jours après, visite du médecin qui lui dit : « Vous n'êtes pas malade. » Commandé par la feuille de service pour conduire le train rapide de Paris à Tonnerre, le chef du dépôt lui dit : « Partez ou subissez l'application du règlement. »

Le refus de service, c'est la révocation. Il part et, arrivé à Montereau, on constate qu'il ne peut continuer. Il revient à Paris, dans un compartiment réservé. Moins de quinze jours après, il meurt victime du service commandé!

Une émotion extraordinaire se communique sur tout le réseau; spontanément une souscription s'ouvre pour honorer la mémoire de ce nouveau martyr de la Compagnie P.-L.-M. Une pierre funéraire est dressée au cimetière de Bougival.

Le peu de cas que les Compagnies font des avis de leurs médecins ressort de la circulaire suivante. L'ingénieur de traction, M. Crouzet, de P.-L.-M., adresse des ordres formels à ses chefs de dépôt, et, sans s'inquiéter des médecins, il leur enjoint ce qui suit :

Il se trouve toujours des agents malades juste au moment où il y a un surcroît de service à faire. Je vous recommande la plus stricte attention dans la délivrance des bulletins de maladie....

Prévenez ces agents qu'il nous faut des mécaniciens et des chauffeurs qui puissent faire le service sans être arrêtés par des indispositions quelconques.

Dites à ceux d'entre eux dont la santé est trop faible pour satisfaire à ces conditions, qu'ils seront rayés des cadres comme impropres au service, s'ils ne changent d'attitude.

J'appelle toute votre attention sur ce point.

L'ingénieur de traction,
Signé : Crouzet.

Ainsi un agent, après 15, 18 ans d'un service tombe malade, il doit disparaître des cadres sans droit à la retraite. Pas de merci!

La vie comme la fortune de l'agent dépendent donc de l'avis du médecin, et l'expérience prouve que cette situation n'est pas sans danger pour l'agent. Entre cent exemples, citons l'affaire Pinaud, chef de train à la Compagnie Paris à Rouen; il est blessé à l'œil dans une collision; le médecin ordonne des compresses d'eau froide, médicament peu coûteux! Le mal persiste, le médecin trouve que c'est peu de chose et invite l'agent à reprendre son service. Celui-ci accuse des douleurs intolérables, demande à aller consulter à Paris; on lui refuse un permis; il est qualifié, par le médecin, de dissimulateur; on le révoque. Onze mois s'étaient écoulés, le malade vient à Paris, le docteur Sichel lui déclare, à une première inspection, qu'il y a dans son œil un corps étranger et, le lendemain, en pleine clinique, devant une nombreuse assistance, il lui extrait de l'œil un morceau de verre qui mesurait *onze millimètres* de longueur sur *six* de largeur.

CERTIFICAT DU DOCTEUR SICHEL

Longueur 11 millimètres.
Largeur 6 millimètres.

Morceau de verre extrait de l'œil de Pinaud onze mois après l'accident.

Un arrêt de la Cour de Paris fit bonne justice de la révocation de Pinaud. — Mais la Commission, s'élevant à une considération générale, se demandera si le docteur, au lieu d'être un agent médical de la Compagnie, avait été le médecin du malade, un tel fait aurait pu se produire.

Pas d'appel possible à l'égard des décisions souveraines des agents médicaux des Compagnies. Un excellent mécanicien, qui avait rendu à la Compagnie d'Orléans des services signalés, le nommé Chatelard, à la suite d'un travail pénible, par une chaleur torride, est pris d'un éblouissement. Un médecin qui se trouvait dans le train le fait revenir à lui avec quelques aspersions d'eau froide. Au bout d'un quart d'heure, il est remis de son indisposition qui ne laisse aucune trace; mais le médecin le trouve malade et, par prudence, on le congédie impitoyablement. Quatre années se sont écoulées depuis la révocation de Chatelard et il n'a jamais été malade; mais il a eu son avenir brisé par décision d'un agent médical.

Un facteur de la gare de Nuits-sous-Ravières, comptant 17 années de service sans reproches, est victime de la négligence du médecin de la Compagnie. Celui-ci n'a pas envoyé en temps utile le bulletin de maladie; le facteur a été considéré comme absent sans permission, par suite démissionnaire. Vainement, plus tard, il fait constater l'erreur : la haute Compagnie ne peut revenir sur sa décision et se refuse impitoyablement à lui liquider sa retraite (pièce n° 20).

Le mécanicien Chapuis, du dépôt de Nîmes (12 années de service), à la suite d'un surcroît de travail pendant la guerre, tombe malade, manque des soins nécessaires au début de la maladie; il reste paralysé des deux jambes et sa vue est compromise; il est congédié; il reste sans ressources. — Dans une lettre (pièce n° 21), il sollicite la protection de la Compagnie pour entrer dans un hospice.

Gilbert, chauffeur (8 ans de service) dans un service pénible, au milieu des neiges, tombe malade, reste infirme, ne peut plus marcher qu'avec des béquilles : révoqué! On lui refuse même les retenues versées par lui pour s'assurer une retraite (pièce n° 22). Il déclare dans sa lettre que le député de Brioude pourra fournir des renseignements à la Commission.

En résumé, l'agent malade ne choisit pas son médecin. L'agent médical de la Compagnie peut-il offrir la garantie d'un médecin ordinaire? La réponse appartient à la Commission.

VIII

Des Mécaniciens et Chauffeurs vis-à-vis des Caisses de retraite et des menaces de révocation.

Les Compagnies ont créé des Caisses de retraite; cette institution est-elle bonne en principe? — Oui, mais il faut observer qu'à défaut des Compagnies, les mécaniciens se seraient chargés de leur organisation. Dans le réseau du Midi, ils avaient pris cette initiative, mais la haute Compagnie a cru pressentir qu'il y avait là une force : elle s'en est immédiatement emparée en ordonnant la dissolution de l'ancienne société. Il est résulté de cette décision arbitraire que plusieurs mécaniciens qui avaient versé depuis longtemps des sommes mensuelles pour sauvegarder leur vieillesse, sont tombés dans la : misère deux sont à l'hôpital (pièce n° 23).

La plupart des Compagnies imposent à tous leurs agents

commissionnés l'obligation de faire partie de la Caisse de retraite. — La Compagnie P.-L.-M. a témoigné plus que les autres d'un génie financier digne d'étude. Aussi, grande fut son émotion quand, en 1871, les mécaniciens, s'adressant à leur chef suprême, lui disaient dans leur pétition : « Monsieur le Ministre, nous demandons une enquête sur la Caisse de retraite. »

Analysons les Caisses de retraite de la Compagnie P.-L.-M. avant 1864.

L'an 1856, la Compagnie avait publié un règlement dont l'article premier porte : « A partir du 1er juillet 1856, une retenue obligatoire de 3 p. 100 sera effectuée tous les mois sur les traitements et les salaires..... Ces retenues seront versées au compte de chaque titulaire à la Caisse de retraite pour la vieillesse, à l'effet de lui compléter une pension viagère à partir de cinquante ans d'âge. »

Il fallait, en outre, avoir vingt ans de service actif (art. 3).

Les versements n'entraient pas dans les caisses de la Compagnie : ils étaient déposés dans la Caisse de la vieillesse instituée par l'Etat. Chaque agent avait son livret de caisse. Chaque année, il recevait un bulletin indiquant sa situation personnelle relative aux versements faits en son nom.

Quand l'agent touchait sa retraite, la Compagnie en doublait le chiffre par un fonds de subvention (art. 13 et 12 combinés). Le maximum qui, d'après la loi, était de 750 francs, pouvait ainsi s'élever au double, soit à 1500 francs.

L'article 6 portait : « Dans le cas de blessures graves ou d'infirmités prématurées, entraînant incapacité de travail, la pension pourra être liquidée, même avant l'âge de cinquante ans et en proportion des retenues versées ». C'était la reproduction textuelle de l'article 6 de la loi du 18 juin 1850, sur la Caisse des retraites de la vieillesse.

En résumé, ces retenues ont été versées par l'intermédiaire de la Compagnie, sous la loi de cette caisse de 1856 à 1864.

On a retenu exactement 3 p. 100 sur les traitements. Les mécaniciens avaient l'espoir d'arriver à vingt ans de service et cinquante ans d'âge.

En cas d'infirmités, l'article 6 accordait la liquidation des droits avant l'âge de cinquante ans, sans fixation de minimum de service.

L'argent des retenues ne restait pas dans la caisse de la Compagnie, il était versé à l'Etat.

Tout était sage et honnête dans l'organisation de cette Caisse de retraite.

ORGANISATION NOUVELLE DE 1864

Le 1er mai 1864, M. Audibert, directeur de l'Exploitation, publia sous le titre « Ordre général n° 6 », le règlement d'une nouvelle Caisse de retraite devant fonctionner à partir du 1er juillet 1864.

Désormais, l'argent des retenues ne va plus dans la caisse de l'Etat; il sera versé dans la Caisse de la Compagnie (art. 1er).

La retenue des employés n'est plus de 3 p. 100, mais bien de 4 p. 100 (art. 2). La Compagnie n'augmente pas pour cela la subvention qu'elle a versée de son côté, et qui reste à 3 p. 100 (art. 2).

Le chiffre de la pension se trouve changé en apparence au profit des employés. Sous la loi du règlement de 1856, il ne pouvait dépasser le double du chiffre fixé par la loi sur la Caisse de la vieillesse (soit 2 fois 750 fr. Total, 1500 fr.)

Ici l'article 7 dit que la pension sera égale à la moitié du traitement moyen pendant toute la durée du service.

Excellent moyen de plaire aux titulaires de gros traitements dont la retraite auparavant ne pouvait dépasser 1500 fr. et qui maintenant peut s'élever à 6000 fr.

La Compagnie ne perdra rien, rassurez-vous. Elle a diminué de 300 fr. le traitement des mécaniciens de 1re classe. Voilà de quoi alimenter les gros traitements.

Changement grave, — la durée du service actif de vingt ans est portée à vingt-cinq ans!!!

Or, la Compagnie savait, par le livre du docteur Duchêne (page 184) et par sa statistique personnelle, que les mécaniciens et chauffeurs ne pouvaient guère dépasser vingt ans de service, s'ils y arrivaient, et, pour que ces sinistres calculs ne puissent être déjoués, la Compagnie supprime les trois jours de repos absolus par mois, soit trente-six jours par an. Les douze jours réservés par an ne sont même pas accordés régulièrement. Bien plus, la fatigue est notablement aggravée par l'augmentation d'un tiers du parcours kilométrique. Enfin, l'instruction 68 dite *Code pénal-Marié* élève les amendes et multiplie les cas de révocation. Rien ne manque à cette savante et cruelle combinaison.

Voici l'article des blessures ou infirmités prématurées, celui qui correspond à l'ancien article 6 de la Caisse de 1856, si sagement protectrice : « La Compagnie se réserve le droit de mettre « à la retraite d'office, et par anticipation, tout employé âgé de « plus de cinquante ans et ayant au moins quinze années de « service. » Cet article paraît anodin, mais jugez les conséquences? Jusqu'ici, ce qui donnait naissance au droit était la blessure ou l'infirmité. — Aujourd'hui il faut avoir en outre cinquante ans d'âge et quinze ans de service. Ainsi un employé est blessé avant quinze ans de service? il n'a plus qu'à aller à l'hôpital; il est infirme avant cinquante ans? toujours une seule ressource : l'hôpital.

Le chiffre de la pension de retraite anticipée, qui était au prorata des versements, prend pour base le tiers du traitement (art. 10).

Comment s'y prit-on pour faire adhérer les employés à cette nouvelle caisse?

Il va de soi que de tels statuts n'étaient pas et ne pouvaient être ni signés ni approuvés par le ministère compétent. Ils étaient le fait de la Compagnie seule.

Celle-ci imposa l'adhésion à ses agents. Ne vous récriez pas, Messieurs, sur ce mot. Lisons une lettre affichée dans un dépôt et qui a dû être tracée par une main de fer, gantée de velours.

M. le Sous-Chef de traction de la 2e sous-section aux Chefs de dépôt.

MONSIEUR LE CHEF DE DÉPÔT,

Je vous adresse copie d'une lettre de M. l'Ingénieur de traction d'après laquelle je vous engage à démontrer à vos agents les avantages de la nouvelle Caisse des retraites. Je vous prie de me signaler ceux qui, malgré vos observations, refuseraient catégoriquement de se faire inscrire.

Copie. — MONSIEUR LE SOUS-CHEF DE TRACTION,

Je vous prie d'engager MM. les chefs de dépôt de votre sous-section à bien faire comprendre aux agents tout l'intérêt qu'ils ont à opter pour la nouvelle Caisse des retraites. Ceux qui, jusqu'ici, ont hésité, n'ont certainement pas compris les avantages qui leur étaient faits, et je verrais avec peine que les intentions bienveillantes de la Compagnie à l'égard de tous les employés ne soient pas mieux appréciées par eux, et accueillies avec plus d'empressement de la part des agents de mon service. *Je vous engage à leur imposer les bienfaits de l'Administration.*

L'Ingénieur de la traction,
WAHL.

Le sous-chef de dépôt de Dôle rappelle aux agents l'intérêt constant que M. Wahl, a montré pour eux; il croit que si M. l'Ingénieur en chef de traction leur recommande si chaudement la nouvelle Caisse des retraites, c'est qu'elle est évidemment avantageuse pour tous; en conséquence il invite les agents qui n'ont pas opté à le faire le plus tôt possible.

Le Sous-Chef de Dépôt, F. F.
SIGNÉ : **BUR.**

Les mécaniciens subirent l'adhésion à la nouvelle Caisse, si gracieusement imposée; on leur retint désormais 4 p. 100 au lieu de 3 p. 100!...

APRÈS 1864.

La Caisse de 1864 devint très-rapidement et colossalement riche. Aujourd'hui, en 14 années elle a dû dépasser 40 millions!...

En lisant les comptes rendus des années 1868 à 1870, on voit qu'elle encaisse chaque année 3 ou 4 millions, pendant qu'elle dépense de deux à cinq cents mille francs.

On constate que le service imposé par la Compagnie est tellement dur que 800 à 1,000 employés donnent leur démission chaque année : autant de profit pour la Caisse de la Compagnie.

La Compagnie conserve des sommes retenues sur le salaire de ses agents qu'elle aurait dû verser à la Caisse de 1856 !...

Il est vrai que le remboursement du capital sans intérêts était prévu par l'article 15 de l'Ordre général n° 6, ainsi conçu :

« La Compagnie pourra, dans les cas exceptionnels dont elle se réserve l'application exclusive, rembourser tout ou partie des retenues à l'employé qui cessera de faire partie des cadres avant l'ouverture de son droit à la retraite. Dans ce cas même, les retenues ne pourront être remboursées qu'en capital et sans intérêts. »

C'était un droit auquel l'arbitraire seul donnait naissance; mais, depuis la jurisprudence conquise par l'affaire Falcoz devant la Cour de cassation, l'idée est venue au nouveau directeur M. Noble-Maire de faire mieux.

Voici le texte de ce célèbre arrêt Falcoz qui a placé tous les employés en état de servage.

Il est à noter que cet arrêt a été rendu par défaut; vainement un groupe d'employés avaient fait savoir à M. Falcoz qu'ils allaient se cotiser pour lui permettre de défendre ses droits en cassation; la réponse a été qu'il avait obtenu pleine satisfaction de la Compagnie et qu'il n'avait rien à craindre.

ARRÊT FALCOZ

« Attendu qu'il est de principe que le louage de service sans détermination de durée peut toujours cesser par la libre volonté de l'un ou de l'autre des contractants, en observant toutefois les délais de congé commandés par l'usage, ainsi que les autres conditions expresses ou tacites de l'engagement;

Attendu que le jugement attaqué, sans constater de la part de la Compagnie demanderesse aucune infraction à ces conditions ni aucune faute, l'a néanmoins condamnée à payer une indemnité à Falcoz, *se fondant sur ce qu'il ne peut être facultatif à une Compagnie de chemin de fer de renvoyer ses employés sans indemnité, sans motifs légitimes*, et sur ce qu'il n'est pas établi que Falcoz eût encouru sa révocation, a faussement appliqué et, par suite, violé l'article 1382 du Code civil. »

Renvoi devant la Cour d'Auch.

C'est dans cet arrêt par défaut que les Compagnies ont puisé une force énorme, inconnue jusque-là.

Méditez la lettre-circulaire du directeur, M. Noble-Maire.

Lettre-circulaire n° 273 à MM. les Chefs de division et Ingénieurs de traction.

« Vous trouverez ci-après copie d'une note de M. le Directeur au sujet du remboursement de versement à la Caisse des retraites 1864, note pour M. l'Ingénieur en chef du matériel et de la traction. »

Paris, 11 novembre 1878.

« Je voudrais qu'à l'avenir les remboursements des versements à la Caisse des retraites 1864 ne fussent accordés que *orsqu'il sera impossible de faire autrement* et que même, dans le cas le plus digne d'intérêt, ce remboursement soit remplacé lorsqu'il aura lieu, par un *secours essentiellement charitable, car la Compagnie est maîtresse de renvoyer sans dédommagement* — (*les Tribunaux l'ont reconnu*) ceux de ses agents qui ne la satisfont pas, et il ne me paraît pas juste de diminuer, sous une forme quelconque, les fonds appartenant à la Caisse des retraites, laquelle n'est autre chose qu'une tontine (pièce n° 24).

SIGNÉ : **NOBLE-MAIRE.**

Les invalides du service qui n'ont pas l'âge de la retraite n'ont plus droit à rien.

Le droit, mitigé par l'arbitraire, est devenu une aumône!

Dans l'examen des comptes de cette caisse, on admire que la Compagnie place ses millions en obligations de P.-L.-M. et cela à bon compte. On les a placés en 1872 juste le jour de l'année où la cote de la Bourse était le plus élevée!... Et cependant les retenues étaient mensuelles!...

On voit encore qu'encaissant 3 ou 4 millions, et n'ayant à verser que quelques centaines de mille francs, néanmoins, par un prodige, elle fait escompter d'avance les coupons de ses propres obligations et payer en 1872, 5,824 fr. d'escompte!.. A qui?...

Qu'on n'aille pas nous jeter la fantaisiste objection qu'il s'agit là d'une tontine? — Une tontine où les ingénieurs ont le droit de révoquer les employés, mais se gardent de se révoquer eux-mêmes! Une tontine qui fixe le maximum de chaque employé le jour où il touche sa retraite, pendant que la caisse n'a pas de maximum pour recevoir et engouffrer des sommes qui, avant 75 ans, s'élèveront à des centaines de millions..... au profit de la Compagnie!

Non! certes! cette Caisse est un des plus grands scandales du siècle et doit provoquer une enquête de la part des pouvoirs publics.

CAISSE DES RETRAITES DES AUTRES COMPAGNIES

La Commission me dispensera de passer en revue les Caisses des autres Compagnies. — Elle trouvera sur ce chapitre un travail fort remarquable dans la brochure de M. le baron de Janzé, député, sur la proposition Cazot, pages 59 à 67. L'auteur, avec sa haute autorité, démontre que ces caisses de retraite sont cadenassées par clause léonine. Vous relirez, Messieurs, notamment les pages 63 et suivantes ayant pour titre : *Leurre de la retraite*.

La statistique inexorable contenue dans ces pages permet de se demander s'il n'est pas permis de qualifier toutes ces caisses de retraite d'entreprises ayant pour but de persuader l'existence d'avantages imaginaires, et de faire naître l'espérance d'événements chimériques pour la très-grande majorité des mécaniciens et chauffeurs.

Depuis que M. de Janzé a déposé ce travail au Corps législatif (1875), les Compagnies ont entrepris de nouvelles campagnes juridiques d'une extrême gravité.

Jusqu'en 1877, tout mécanicien qui parvenait à remplir les conditions d'âge et de durée de service touchait sa retraite sans contestation.

L'occasion s'est présentée pour la Compagnie du Nord de ne pas payer un mécanicien qui avait l'âge et le temps révolus. C'était à la vérité un moyen bien détourné, il n'importe, elle le saisit, voici comment :

Un de ses agents les plus distingués, son premier mécanicien, peut-être, M. Harduin, du dépôt de Terguier, atteint l'âge prescrit par les Statuts. Il est usé, souffrant; il s'empresse d'annoncer à son chef de dépôt qu'il demandera le lendemain sa mise à la retraite.

Aussitôt le chef de dépôt le prie d'attendre quelques semaines, deux ou trois mois. « C'est un service que je vous prie de me « rendre comme à un ami; mon personnel est incomplet, le « trafic surabondant; je ne sais où donner de la tête; vous êtes « ici la cheville ouvrière..... » Bref, Harduin finit par céder et continue son travail pendant plusieurs semaines. Or, un jour que son service lui avait fait franchir la frontière belge, un marchand de tabac vient lui offrir un paquet d'un kilogramme pour lui, et un paquet semblable pour son chauffeur. Harduin se laisse séduire par une petite économie. — Les paquets sont placés sur la locomotive et le brave mécanicien rentre en France sans pouvoir soupçonner que ce marchand de tabac pouvait exercer un autre métier. A la frontière, un douanier monte, saisie du tabac, procès-verbal, mais transaction immédiate et paiement du droit stipulé dans la transaction, laquelle déclare *qu'il ne sera donné aucune suite à l'affaire*. Du reste, nul bruit, aucun retard dans le départ du train. Harduin payait très-chèrement le malheureux paquet de tabac et rentrait chez lui en se rappelant sans doute le mot de la fable :

« Je tondis de ce pré la largeur de ma langue. »

Hélas! le lendemain il recevait sa révocation. Harduin fort triste de cet incident prie la Compagnie de liquider la retraite à laquelle il a droit, la Compagnie lui répond : Les agents révoqués n'ont aucun droit. L'art. 9 de nos statuts dit : Que pour être admis à *faire valoir* les droits à la retraite les agents doivent avoir 50 ans d'âge et 20 ans de service. Or, par cela même que les statuts disent : pour *être admis*, cela suppose que la Compagnie a le droit de ne pas vous admettre et..... elle ne vous admet pas à la retraite.

Procès. — Jugement du Tribunal de Laon qui repousse l'étrange prétention de la Compagnie déclarant que les conditions de durée de service ayant été remplies, les événements postérieurs ne peuvent porter atteinte aux droits acquis.

En conséquence, condamnation de la Compagnie à liquider la retraite d'Harduin.

Aussitôt, la Compagnie, d'interjeter appel devant la Cour d'Amiens. Celle-ci infirme le jugement de Laon, déclare qu'un employé révoqué ne peut être mis à la retraite et, contrairement à la jurisprudence de la Cour de Cassation, soutient que les juges ont la faculté d'examiner les causes justes ou injustes d'une révocation et que la contrebande de tabac (1 kilogramme) faite par Harduin est un grave délit qui justifie la révocation.

La Cour de Cassation maintient la décision de la Cour d'Amiens.

Les arrêts sont souverains, soit! — Le meilleur mécanicien de la Compagnie du Nord est ruiné après une vie entière de rude travail, je m'incline : La justice dit que c'est juste.

Mais une Compagnie monopolisée peut-elle garder ainsi la retraite acquise par son meilleur ouvrier?

C'est là une question de moralité publique digne des réflexions du législateur.

Le rapprochement de l'arrêt Harduin avec l'arrêt Falcoz présente ce singulier contraste : quand l'agent a été renvoyé sans aucun motif, la Cour dit : « C'est juste, les Compagnies n'ont pas de motifs à donner pour renvoyer leurs agents ». Quand, au contraire, l'agent a commis une faute, même étrangère à la Compagnie, comme celle du paquet de tabac d'Harduin, la Cour dit aussitôt : « La justice a le droit d'examiner les causes de la rupture du contrat et de constater ici la gravité du délit qui justifie la révocation. »

L'arrêt Harduin a mis la Compagnie du Nord en appétit. En ce moment, elle tente de s'assurer un nouveau succès sur ses employés. Un de ses agents demande sa retraite ayant l'âge requis et le temps voulu; la Compagnie lui répond : Non pas! vous êtes encore très-vigoureux et, comme nos statuts disent qu'il faut 20 ans *au moins*, cela suppose que nous pouvons exiger un nombre d'années de travail supérieur. L'agent qui ne veut pas entrer en lutte, répond modestement : « Si je ne suis pas malade, je suis usé; mon travail ici est trop pénible; veuillez m'accorder ma retraite. » La Compagnie réplique avec une bénignité touchante : « Qu'à cela ne tienne! c'est vrai, le travail est un peu rude, nous allons donc vous nommer dans une petite station où le travail est tolérable, à 25 lieues d'ici. »

A ces mots, l'agent se redresse effrayé :

« Messieurs, dit-il, ici j'ai ma famille, ma femme établie dans un petit commerce, ma fille qui vient de s'y marier ; impossible de m'exiler à 25 lieues. » — « J'en suis désolée, dit dévotement la Compagnie, mais il faut partir, ou nous adresser votre démission. »

La justice n'a pas encore décidé. L'affaire est du ressort de la Cour d'Amiens.

IX

Des Mécaniciens et Chauffeurs vis-à-vis de la Justice commerciale, civile ou correctionnelle.

Les contentieux des Chemins de fer sont admirablement organisés sur tous les points du territoire. Ils accaparent les jurisconsultes les plus habiles. Combien d'avocats ne comptent-ils pas parmi les députés attachés au barreau?

Ces puissants monopoles semblent s'être inspirés des traditions de la vieille monarchie. Rappelez-vous cette pensée, souvent répétée, de nos historiens : « La chicane des Procureurs a fait gagner plus de provinces au roi que les plus grandes batailles. » Les procès Harduin et autres témoignent de leur tenacité à tout tenter auprès de la justice. Nicias Gaillard, ancien Président de chambre à la Cour de Cassation, disait : Nous n'avons pas à craindre que l'Etat soit trop fort contre les Chemins de fer, mais bien plutôt que les Chemins de fer soient trop forts contre l'Etat. » La prédiction du magistrat s'est réalisée en peu d'années ; les grandes Compagnies dominent hautement l'Etat, et tout Ministre courageux l'avouera. La seule puissance qui les tienne en échec, c'est la Justice ; il faut la conquérir, c'est là le but de leurs efforts longs et patients.

Que voulez-vous que fasse un pauvre petit agent isolé, contre la grande Compagnie? Il tentera un suprême effort, épuisera toutes ses ressources ; il triomphera en première instance ; mais la Compagnie le traînera en appel et jusqu'en cassation ! Pendant ce temps, le malheureux mourra de misère : c'est la spéculation juridique sur la faim ! le mot a été dit dans le procès Mengus, et l'avocat de la Compagnie a avoué loyalement qu'il était un peu vrai.

En 1872, les mécaniciens révoqués, au nombre de 86, ont gagné 12 ou 14 procès devant les tribunaux de commerce. Ils les ont tous perdus à la cour.

Il leur reste la ressource de l'assistance judiciaire : Cohade, ouvrier aux ateliers de la Compagnie P.-L.-M. l'obtient un jour, mais les lenteurs de la procédure en première instance et en appel épuisent ses ressources ; quand il ne lui reste plus rien à engager au Mont-de-Piété, il se jette à la Seine, son beau-frère tente de le sauver et se noie avec lui...

Devant la justice correctionnelle, la situation des agents n'est pas moins digne de pitié. On invoque contre eux des milliers de règlements et ordres de service qu'ils ne connaissent pas, et que les Compagnies font sortir de leurs cartons juste pour l'heure de l'audience. Les Compagnies se gardent de publier ces documents où l'on pourrait puiser des armes contre elles ; — les parquets, qui réclament des punitions sévères au nom de ces ordres de service que les Compagnies leur ont fournis la veille, ne possèdent aucune collection de ces règlements et ordres de service dans leurs bibliothèques.

Il appartient à la Commission de savoir si le Ministre des Travaux publics et le Ministre de la Justice ont été assez forts pour en exiger la collection dans leurs cabinets ?

En résumé, Messieurs, 350,000 travailleurs, employés des chemins de fer, la plupart mariés, pères de famille, représentant un million et demi d'habitants, vivent à la merci de ces Compagnies qu'un ministre appelait la nouvelle féodalité financière. Cet état de servage mal déguisé abaisse les caractères, menace de corrompre les mœurs, et embrasse d'assez vastes intérêts pour avoir dicté, à vous et à vos éminents collègues, le projet de loi que la Commission est chargée d'élaborer. Mon rôle de témoin s'arrête ici, et il ne m'appartient pas d'émettre une opinion quelconque sur le projet qui vous est soumis.

M. le Président Floquet, après avoir consulté ses collègues, exprime à M. Delattre le désir d'avoir son opinion sur le projet de loi, et sur l'amendement qui comprend tous les employés des chemins de fer.

M. Delattre prie M. le Président de vouloir bien préciser les points sur lesquels il entend faire porter cette nouvelle partie de sa déposition.

M. Casse demande à M. Delattre si le Conseil des Prud'hommes serait bien compétent sur tous les litiges qui s'élèvent entre les mécaniciens et les Compagnies.

M. Delattre. — La juridiction des Prud'hommes assurerait certainement des avantages aux mécaniciens pour un certain nombre de litiges. Mais il faudrait se garder des illusions. Une première observation générale doit être consignée au début de cette question. Un grand nombre de procès soulèvent des points délicats, des débats techniques, ardus. Or, d'après la loi, les parties se présentent en personne devant les Conseils de Prud'hommes sans pouvoir se faire assister d'un avocat. Les mécaniciens comparaîtront donc seuls devant le Conseil, mais en face de quel adversaire vont-ils se trouver? En présence du représentant de la Compagnie. — Ce représentant, qui sera-t-il? Précisément le chef du Contentieux, l'avocat le plus habile et le plus retors sur ces questions compliquées.

Dans nombre de litiges importants, les Prud'hommes consciencieux se trouvant incapables de juger par eux-mêmes, devront prendre l'avis d'un arbitre compétent choisi par eux; de là, de nouvelles lenteurs et des dépenses inévitables. Les jugements des Prud'hommes sur les difficultés qui surgissent chaque jour devront naturellement former peu à peu une jurisprudence qui régnera sur toute l'étendue des réseaux. L'importance de ces décisions fait pressentir l'ardeur des Compagnies dans ces luttes juridiques; elles continueront à traîner les justiciables en appel et en cassation, là où les frais sont lourds, là où les dépenses sont au-dessus des ressources des employés. Enfin, les Prud'hommes pourront-ils régler chaque matin les litiges quotidiens provenant des amendes innombrables qui dépassent parfois le salaire du mois tout entier?

Auront-ils le droit de statuer sur les descentes de classe édictées par la mauvaise humeur, ou sur les révocations résultat de l'erreur ou produit des rancunes? Rappelez-vous, Messieurs, que les Compagnies ont formé une coalition coupable, mais impunie, à l'égard d'un employé révoqué par n'importe quelle Compagnie, et, qu'en fait, la révocation, c'est le bannissement hors du territoire.

Enfin, Messieurs, l'amendement au projet comprend tous les employés de chemins de fer. Les Prud'hommes se reconnaîtront-ils compétents sur les litiges des agents de la voie, des agents de la traction, des agents si nombreux et si divers de l'exploitation?

Un Membre de la Commission. — Nous trouverions-nous donc en présence d'une difficulté insoluble?

M. Delattre. — Le meilleur Tribunal est celui qui est choisi par les parties intéressées. Que chacune d'elles choisisse un arbitre, que le tiers arbitre, président, soit désigné par les deux autres ou par le Juge de paix, et vous avez les meilleures chances d'obtenir une sentence consciencieusement préparée par des hommes compétents.

En ce qui concerne les mécaniciens et chauffeurs, que chaque dépôt nomme un arbitre, que la Compagnie désigne le sien, que le Président soit le Juge de paix ou un tiers désigné par lui ou encore par les deux arbitres, et vous verriez bientôt la moralité s'élever et régner dans le service. Le code pénal des amendes barbares, atteignant la nourriture de la femme et de l'enfant, reculerait honteusement pour faire place à des sentences où l'honneur jouerait un rôle plus sérieux et plus efficace.

Cette réforme, pourtant, ne serait salutaire qu'à la condition d'être accompagnée d'une mesure législative qui mette en jeu l'opinion publique sur les agissements des Compagnies. La plus petite administration française est soumise à la critique de la presse. — Contraste étrange : les grands monopoles des chemins de fer ont acquis le silence bienveillant et persévérant de la presse française. — Loin de moi la pensée qu'ils aient acheté les journaux, non, mais ils ont conquis gracieusement leur service par de simples politesses. Notez que la presse rend des services journaliers aux Compagnies ; elle leur accorde une publicité permanente pour leurs changements de services et indications diverses. En échange de ces annonces, d'une valeur considérable, que reçoit-elle? De simples *passes gratuites* et en nombre restreint.

Si demain le Corps législatif prohibait tous les parcours gratuits, et accordait à tous les journalistes le voyage au quart de place, que d'études approfondies naîtraient comme par enchantement! Combien de révélations de choses inconnues! Quel appui accordé au commerce, autre esclave des Compagnies dans le transport des marchandises!

C'est au nom de l'intérêt public que s'impose une réforme radicale des mœurs des Compagnies à l'égard de la presse.

Le même intérêt public commande la même transformation dans les rapports des Compagnies avec les Sénateurs, les Députés, les Conseillers généraux, les magistrats de la justice civile et commerciale. Il ne faut pas que la femme de César soit soupçonnée : une loi relative aux Chemins de fer peut-elle être l'objet du respect général, quand on sait que les Compagnies offrent des parcours gratuits aux membres du Parlement? Les agents qui plaident contre les Chemins de fer peuvent-ils respecter la justice, s'ils ont vu le Président du Tribunal de Commerce monter dans un wagon avec une passe gratuite? Pourraient-ils honorer le Procureur de la République, qui les poursuit en police correctionnelle, s'ils avaient vu ce magistrat voyager gratuitement en chemin de fer?

Toutes ces erreurs ont fait leur temps; le droit au quart de place de tous les journalistes, de tous les fonctionnaires, et de tous les élus du suffrage universel, là est le principe d'une prompte rénovation.

Le jour prochain où ces abus auront disparu, tout le monde prêtera la main à la protection des employés. On flétrira les indignes calomnies que le gouvernement du 16 mai a lancées contre eux dans ces fameux ordres du jour secrets divulgués à la tribune sous le n° 1 et n° 2. — Ordre du jour où la conspiration se masquait sous le prétexte d'un projet de grève des mécaniciens et chauffeurs. On les a représentés, dans la Circulaire des Ministres du 16 mai, comme décidés à bouleverser leur pays à l'instar des mécaniciens des Etats-Unis, qui ont soulevé, disait-on, des émeutes, et fait perdre à l'industrie plus d'un demi-milliard. Messieurs, comment expliquer ces infâmes calomnies? — Comment le 16 mai espérait-il qu'elles trouveraient créance dans une partie de la population? Ah! Messieurs, il faut l'avouer sans détours, le gouvernement du 16 mai connaissait les souffrances, j'allais dire les tortures infligées par les Compagnies aux mécaniciens et il ne pouvait s'élever jusqu'à la hauteur de leur patriotisme ni mesurer leur magnanimité. Pour vous, Messieurs, rien ne sera plus aisé. Vous savez qu'ils n'ont jamais voulu faire grève, qu'ils ont attendu, sans broncher, l'heure où la Chambre Républicaine leur donnerait pleine et entière satisfaction.

Le patriotisme de ces braves gens a repoussé avec énergie toute idée de bouleversement comme celui causé par la misère en Amérique; ils savent que votre haute justice saura épargner à la France une telle révolution.

M. le Président, au nom de la Commission, remercie M. Delattre, de sa déposition si remplie de documents, de faits et d'aperçus nouveaux. Il demande ensuite aux autres personnes si quelqu'un n'aurait pas d'observation à faire.

M. Frerebeau, mécanicien, dit qu'il a été pendant 25 ans au service de la Compagnie P.-L.-M. Sa solde était de 3,200 fr., sa pension devait être régulièrement de 1,600 fr. On ne lui a donné que 1,540 fr. — Les registres lui retranchaient par erreur une année pendant laquelle il se serait absenté. La Compagnie n'a jamais pu retrouver la cause de cette erreur et n'a jamais voulu la réparer.

La séance est levée à 11 h. 1/2.

Le public sait que depuis, la Commission a modifié profondément le projet de loi. M. Margue, son rapporteur, a déposé son rapport avec le nouveau projet à la date du 6 décembre 1880. Voir le Bulletin, n° 3079.

Nos lecteurs pourront également consulter le travail remarquable de M. le député de Janzé, Membre de la même Commission. Ils trouveront dans sa brochure ayant pour titre : *Les Serfs de la voie ferrée*, l'analyse de la discussion devant la Commission, l'audition des témoins et surtout l'audition des Ministres.

Il est curieux de comparer le nouveau projet avec l'exposé des principes contenus dans la déposition d'Eugène Delattre.

1555. — Paris. — Typ. Tolmer et Cie, 3, rue de Madame.

www.ingramcontent.com/pod-product-compliance
Ingram Content Group UK Ltd.
Pitfield, Milton Keynes, MK11 3LW, UK
UKHW020946220726
13924UKWH00002B/525